Helene Stephan
Gedichte über Märchen der Gebrüder Grimm

Gedichte
über Märchen
der Gebrüder Grimm

von

Helene Stephan

Bibliografische Information der Deutschen Nationalbibliothek:
Die Deutsche Nationalbibliothek verzeichnet diese Publikation in
der Deutschen Nationalbibliografie; detaillierte bibliografische
Daten sind im Internet über dnb.dnb.de abrufbar.

© 2020 Helene Stephan, Aachen
Herstellung und Verlag: BoD – Books on Demand, Norderstedt
ISBN: 978-3-7504-8080-3

Vorwort

Da ich als Jugendliche die Märchen der Brüder Grimm mit Faszination gelesen habe, entschloss ich mich, diese Erzählungen in Gedichten zum Ausdruck zu bringen. Entstanden ist eine Mischung aus fröhlicher und trauriger Lyrik.

Die Märchen stehen für ein Stück gemeinsame Kindheitserinnerungen und können auch heute im Leben der Kinder eine große Rolle spielen, weil sie ihnen beibringen, Gutes von Bösem zu unterscheiden. In den Erzählungen werden Charaktere und Handlungsweisen aus dem wahren Leben mit Hilfe der Phantasie dargestellt.

Die weltbekannten Märchen regen zum Nachdenken an und sind deshalb nicht nur für Kinder geeignet, sondern auch für Erwachsene. Sie genießen großes Ansehen und haben eine große, weltweite Fangemeinde.

Inhalt

Dornröschen

Ein Königspaar wollte ein Kind bekommen,
Alsbald war der Wunsch fast verronnen,
Da gebar die Königin ein Mädchen fein,
Zur Feier lud man die Feen des Landes ein.

Es gab dreizehn gute Feen im Land,
Doch hatte das Königspaar leider verkannt,
Dass sie nur zwölf Gedecke hatten aus Gold,
Das angemessen war für die Feen hold.

Die Feen sprachen Wünsche für das Kind aus,
Die Feier verlief in Saus und Braus,
Als plötzlich die dreizehnte Fee erschien,
Da begannen alle, sich hinzuknien.

Doch die Frau trat an das Bettchen heran,
Sprach sogleich einen schrecklichen Bann:
Dornröschen soll sich in den Finger stechen
Und sofort sterben, so will ich mich rächen!

Da die zwölfte Fee noch nicht gesprochen,
War des Königs Hoffnung nicht gebrochen.
Die Fee konnte den Fluch schwächer machen:
Sie soll nach hundert Jahren wieder erwachen.

Dornröschen wurde ein frohes Einzelkind,
Rauschte durch die Gegend wie der Wind.
Sie war intelligent und auch sehr schlau,
Wusste immer alles besser und genau.

Sie liebte die schöne, blühende Natur,
Von Angst und Traurigkeit keine Spur.
So verbrachte sie die meiste Zeit
In der blühenden Natur ganz weit.

An einem schönen, frühen Morgen,
Als sie wieder mal plagten Sorgen,
Lief sie los auf die blühende Wiese,
Durch ihr Haar wehte eine sanfte Brise.

Sie kam zu einem Turm mit Aufgang,
Empfand Neugier und ihr war nicht bang,
Oben saß eine alte Frau am Spinnrad,
Sodass Dornröschen um Erklärung bat.

Die Frau war die getarnte böse Fee,
Sie nahm die Spindel, denn die tat weh,
Stach in den Finger das junge Ding,
Das umfiel und tief zu schlafen anfing.

Sie schlief einhundert Jahre lang,
Sie wurde wunderschön und schlank,
Entwickelte sich zur interessanten Frau,
Einige, die sie kannten, wurden grau.

Sie schlief im großen Blumengarten,
In dem auch Männer spielten Karten.
Keiner konnte sie aus dem Schlaf wecken,
So verbreitete sich unter ihnen Schrecken.

An einem schönen, frühen Morgen
Fühlte sich ein Prinz ohne Sorgen,
Hatte vor, mit seinem Pferd auszureiten,
Zu den Wiesen, die man sah von Weitem.

Der Prinz ritt die grüne Wiese entlang,
Sah kein Reh und so wurde ihm bang.
Als er eine schlafende Person dort sah,
Sprang er vom Pferd, kam ihr ganz nah.

Der Prinz versuchte, sie zu wecken,
Musste seine feinen Hände strecken,
Als sie aufs Wecken nicht reagierte,
Der Prinz die Unruhe verspürte.

Er küsste sie auf den schönen Mund,
Sie schlug die Augen auf, sah alles bunt.
Mit den großen Augen sah sie ihn an,
Und er zog sie ganz fest an sich heran.

Dornröschen fragte: Was ist geschehen?
Außer Blumen konnte ich nichts sehen,
In meinen Träumen war ich ganz weit,
Und erlebte in ihnen eine schöne Zeit.

Der Prinz umarmte sie, hielt sie fest,
Verweilte so gerne bis zum Lebensrest.
Er setzte sich aufs Pferd, nahm sie mit,
Das Pferd vorsichtig zum Schlosse ritt.

Angekommen bot der Prinz ihr den Arm,
Mit seiner Eleganz und großem Charme.
Das Geschehen konnte sie kaum glauben,
Über ihnen flatterten weiße Tauben.

So fragte sie, was mit ihr passiert sei,
Die Antwort war: Jetzt bist du frei,
Wirst auch nie wieder tief schlafen,
So kannst du wieder fröhlich lachen.

Bei der Ankunft in dem schönen Schloss
Stieg Dornröschen vom schwarzen Ross.
Das Glück hatte sie nie mehr verlassen,
Sie ließ es auch nicht mehr verblassen.

Es war die ganz große, wahre Liebe pur,
Von Angst und Traurigkeit gab es keine Spur.
Das Paar bekam eine wunderschöne Tochter,
Die alle im Schloss immer sehr mochten.

Zum Manne hatte sie einen gutmütigen König,
Der sie liebte und verwöhnte nicht wenig.
Das Märchen hatte für alle ein gutes Ende,
Mit einer glücklichen, erfreulichen Wende.

Aschenputtel

Aschenputtel, das wunderschöne Mädchen,
Spielte aus Langeweile mit den Fädchen.
Eines Tages ist die geliebte Mutter gestorben,
Der Vater hat eine andere Frau umworben.

Sie brachte in die Ehe zwei Töchter mit,
Die hässlich waren, aber dafür sehr fit.
Sie hassten das Aschenputtel so sehr,
Machten ihr stets das Leben schwer.

Von Abend bis zum frühen Morgen
Musste sie den Haushalt versorgen,
So auch hatte sie für sich keine Zeit,
Eigene Bedürfnisse lagen sehr weit.

Stets musste sie als erste aufstehen,
Und immer als letzte zu Bett gehen,
Die Arbeit wurde täglich immer mehr,
Das Leben daher unerträglich schwer.

Ein Schloss befand sich in diesem Ort,
In dem ein schöner Prinz wohnte dort.
Es suchte nach einer schönen Frau,
Die Blond sein sollte und nicht grau.

Um die Zukünftige, Schöne zu finden,
Um sich für immer mit ihr zu binden,
Ließ er veranstalten einen Abendtanz,
Der verlaufen sollte im großen Glanz.

Die Stieftöchter machten sich schick,
Warfen in den Spiegel einen letzten Blick,
Sie hofften, den Abend zu genießen,
Ohne bittere Tränen zu vergießen.

Sie ließen sich die Haare schön frisieren,
Um das gute Aussehen nicht zu verlieren,
Mit Koketterie, verführerischen Blicken,
Versuchten sie, den Prinzen zu entzücken.

Aschenputtel sollte zu Hause Arbeit verrichten,
Doch die Tauben halfen bei den Pflichten.
Sie lief zum Grab der Mutter in Unruhe,
Dort lagen schon Ballkleid und glänzende Schuhe.

Den Prinzen interessierten die Schwestern nicht,
Die Koketterie versperrte ihm nur die Sicht.
Als der Prinz das schöne Aschenputtel sah,
Kam er mit schnellen Schritten an sie nah.

Charmant forderte er sie zum Tanze auf,
Sie tanzten miteinander, waren gut drauf.
Beide Stiefschwestern verblassten vor Neid,
Verspürten Enttäuschung und großes Leid.

Der Prinz wich nicht von Aschenputtels Seite,
Das Glück der beiden sah man von Weitem.
Die Stiefschwester konnten es nicht fassen,
Den Neid, die Eifersucht auch nicht lassen.

So verlief der Tanzabend für sie schwer,
Da sie sich von ihm erhofften viel mehr.
Wütend, enttäuscht verließen sie den Saal,
In dem hoffnungslosen, unerfüllten Fall.

Aschenputtel nutzte die Unachtsamkeit aus,
Ließ den Prinzen stehen, lief ganz schnell raus.
In Eile und Nervosität verlor sie den Goldschuh,
Ließ ihn liegen und lief weiter in großer Unruh.

Sie stieg in die wartende Kutsche ein,
Fühlte sich geborgen, sicher und fein.
Die Kutsche fuhr sie bis zu ihrem Haus,
Aus dem die böse Stiefmutter kam heraus.

Aschenputtel versteckte sich geschickt,
Entkam der Stiefmutter und ihrem Blick.
Leise und schnell ging sie ins Kämmerlein,
In dem sie sich fühlte sicher und auch fein.

Am nächsten frühen, sonnigen Morgen
Fühlte sich der Prinz nicht gut geborgen.
Auf der Treppe fand er den Goldschuh,
Durch ihn auch die ungewohnte Unruh.

Der Prinz suchte die Besitzerin vom Schuh,
Um sie zu finden, verlor er nicht die Ruh.
Die Suche begann er mit Aschenputtels Haus,
Aus dem beide Stiefschwester kamen heraus.

Sie sahen den Prinzen und liefen auf ihn zu:
Wir machten uns Sorgen wegen dem Schuh!
Der Goldschuh gehörte einer von uns beiden,
So möchten wir Missverständnisse vermeiden.

Der Prinz bat sie, den Goldschuh anzuziehen,
Da er keiner passte, sagten sie, er sei geliehen.
Als der Prinz fragte, ob noch jemand im Hause sei,
Antworteten sie: Aschenputtel, aber sie hat frei.

Der Prinz wollte das Aschenputtel sehen,
Sagte: Ich werde nicht aus dem Hause gehen.
Als Aschenputtel erschien und der Prinz sie sah,
Ging er ganz schnell auf sie zu und war ihr nah.

Charmant bat er sie, den Schuh anzuziehen,
Der auf Anhieb passte, er war nicht geliehen.
Der Prinz nahm Aschenputtel in den Arm,
Beiden wurde es um ihre Herzen warm.

Enttäuscht verließen die Stiefschwestern das Haus,
Für die beiden war die Geschichte vorzeitig aus.
Aschenputtels Glück konnten sie nicht verhindern,
Auch nicht den eigenen Schmerz dadurch lindern.

Aschenputtels Glück konnten sie nicht fassen,
Den Neid und den Hass auch nicht lassen.
Sie waren wütend, traurig und hatten Frust,
Zum Tanzengehen hatten sie nie mehr Lust.

Sie verkrochen sich in ihre Kämmerlein,
Fühlten sich enttäuscht, traurig und unfein.
Das Aschenputtel war von Glück umgeben,
Im wunderschönen neuen Liebesleben.

Durch die Heirat wurde sie eine Königin,
Das Leben für sie hatte einen neuen Beginn.
Die Hochzeit wurde im großen Stil gefeiert,
Mit vielen Gästen, Musik, Gesang und Leier.

Bis in die tiefe Nacht gab es Wein und Tanz,
Die Hochzeitfeier verlief im großen Glanz.
Das Paar bekam zwei wunderschöne Kinder,
Die lieb und schlau waren und keine Sünder.

Das Glück hatte sie nie mehr verlassen,
Und sie ließen es auch nicht verblassen,
Glücklich hielt es bis zum Lebensende,
Das Märchen hatte eine schöne Wende.

Schneewittchen

Weiße Schneeflocken fielen herab,
Eine Königin nähte, wurde schlapp,
Sie sah die weißen Schneeflöckchen,
Die aussahen wie Blumenglöckchen.

Begeistert sah sie den Flöckchen zu,
Stach sich in den Finger und fand keine Ruh.
Auf den Schnee fielen Tröpfchen von Blut,
Der Farbkontrast gefiel der Königin gut.

Eine Tochter wünschte sich da die Königin:
Ihr schwarzes Haar hatte sie schon im Sinn,
Das Gesicht sollte so weiß sein wie der Schnee,
Ihre Lippen rot, wie die einer guten Fee.

Nach der Geburt verstarb die Königin,
Für Schneewittchen war das schlimm.
Der König heiratete eine andere Frau,
Sie war sehr eitel, war blond, nicht grau.

Eitelkeit und Stolz sah man ihr an,
Bei ihr war Schneewittchen schlecht dran.
Als die Königin wieder den Spiegel fragte,
Wer nun die Schönste sei, der Spiegel sagte:

Frau Königin, Ihr seid die Schönste hier,
Aber Schneewittchen ist viel schöner als Ihr!
Das konnte die Königin nicht ertragen
Und wollte das Schneewittchen jagen.

In den schönen und hohen Bergen
Erzählte man sich von den sieben Zwergen.
Fleißig arbeiteten sie in der Nacht,
Einer von ihnen hielt stets Wacht.

Schneewittchen irrte im Walde umher
Und die Dunkelheit wurde stets mehr.
Verängstigt lief sie immer weiter,
Sah einen Zwerg mit einer Leiter.

Aus Sorge fragte sie nach der Zeit:
Bin ich vom Schlosse denn schon weit?
So der Zwerg sagte: Komm mit mir mit,
Wirst dich bei uns fühlen gut und fit.

Kannst uns immer das Essen bereiten,
So werden wir einander nicht streiten.
Willkommen wirst du in unserem Haus,
Aus den Zwängen der Stiefmutter raus.

Schneewittchen nahm das Angebot an,
Machte sich fleißig an die Arbeit ran.
Sie kochte und versorgte den Haushalt,
Während die Zwerge waren im Wald.

Unbesorgt verließen sie stets das Haus,
Mit Freude auf den leckeren Schmaus,
Der immer schmackhaft zubereitet war,
Das war den Zwergen täglich klar.

Sie liebten das Schneewittchen so sehr,
Daher sorgten sie sich um sie stets mehr.
Sie sagten zu ihr: Wenn wir nicht da sind,
Darfst du Fremden nicht vertrauen blind.

Die Stiefmutter machte sich keine Sorgen,
Schneewittchen kommt auch nicht morgen.
So ging sie zum Spiegel, um ihn zu fragen,
Wer die Schönste sei, möge er ihr sagen.

Spieglein, Spieglein an der kalten Wand,
Wer ist die schönste im ganzen Land?
Der Spiegel antwortete laut und sofort:
Du, aber bloß in deinem kleinen Ort.

Schneewittchen in den hohen Bergen,
Bei den fleißigen sieben Zwergen,
Ist tausendmal schöner, als du es bist,
Und wenn du auch einen Besen frisst.

Das konnte die Stiefmutter nicht ertragen,
Und wollte den Spiegel nie wieder fragen.
Stattdessen plante sie einen Anschlag
An Schneewittchens Geburtstag.

Verkleidet als eine gute Bäuerin
Ging sie in die Berge hin,
Angekommen, klopfte sie an die Tür,
Sagte: Ich komme mit Obst zu dir.

Schneewittchen, öffne mir die Tür,
Da ich noch immer stehe hinter ihr.
Ich möchte dir einen Apfel schenken,
Damit du an mich stets wirst denken.

Trotz Warnung öffnete sie das Fenster,
Sah die Bäuerin und keine Gespenster.
Sie bot ihr einen roten Apfel dar,
Der vergiftet war, doch sehr schön aussah.

Sie biss in den vergifteten Apfel rein,
Fühlte sie sich danach schlecht, unfein.
Ihr wurde übel und sie fiel in Ohnmacht,
Da hat Stiefmutter vor Freude gelacht.

Glücklich und zufrieden ging sie nach Hause,
Angekommen, gönnte sie sich eine Pause.
Selbstsicher und glücklich sang sie Lieder:
Schneewittchen kommt nie mehr wieder!

Die Zwerge, in großer Sorge und Bange:
Warum schweigt Schneewittchen so lange?
Als einer der Zwerge sie da liegen sah,
Kam er ganz erschrocken an sie nah.

Da er dachte, dass sie nicht mehr lebte,
Hatte er ein Gefühl, als ob die Erde bebte.
In einem Sarg trugen sie sie aus dem Wald,
Bei einem Ruck spie sie aus den Apfelspalt.

Wo bin ich, könnt ihr das verstehen?
Die Zwerge fragten: Was ist geschehen?
Wir können keine Gefahr sehen im Haus!
So erzählte Schneewittchen geradeheraus:

Dass eine Bäuerin mit Obst daherkam,
Schneewittchen einen schönen Apfel nahm,
Den sie sich genüsslich schmecken ließ
Und nach dem Verzehr sich fühlte fies.

Stiefmutter, vom Schönheitswahn besessen,
Ließ sich an Schneewittchens Tod messen.
Da sie von diesem überzeugt gewesen,
Konnte sie für kurze Zeit vom Hass genesen.

Sie ging zum Spiegel, um ihn zu fragen:
Wer die schönste sei, möge er ihr sagen.
Der Spiegel antwortete schnell und sofort:
Schneewittchen in den hohen Bergen dort,

Ist tausendmal schöner als die Blumen,
Auf denen die vielen Wespen summen.
Das konnte die Stiefmutter nicht ertragen,
Zerschlug den Spiegel, wollte ihn nie mehr fragen.

An einem schönen, sonnigen Morgen
Ritt ein König in die Berge ohne Sorgen.
Er wollte saubere, frische Luft genießen,
Bei der Gelegenheit ein Reh erschießen.

Statt einem Reh sah er das Schneewittchen,
Mit einem Körbchen und rotem Hütchen.
Der König nahm sie mit in sein Schloss,
Wo das Tor bei der Ankunft in Höhe schoss.

Er nahm Schneewittchen in den Arm,
So wurde ihnen um ihre Herzen warm.
Während sie in seinen starken Armen lag,
Machte er ihr einen ernsten Heiratsantrag,

Durch die Heirat wurde sie eine Königin,
Das Leben hatte für sie einen neuen Sinn.
Die bösartige Stiefmutter wurde verbannt,
Hatte Verbot im schönen Königsland.

Schneewittchen Gedanken galten den Zwergen,
Die immer noch lebten in den hohen Bergen.
In der Kutsche ließ sie sich zu ihnen fahren,
Um sie herzlich zu begrüßen nach vielen Jahren.

Das Paar bekam eine Tochter und einen Sohn,
Der in der späten Zukunft übernahm den Thron,
Den der Prinz mit gutem Gewissen weiterführte,
Was das ganze Land mit Genugtuung spürte.

Die Prinzessin heiratete einen reichen Prinzen,
Mit einem Schloss und viel goldenen Münzen.
Das Schicksal hatte es mit ihnen gut gemeint,
Da sie sehr glücklich für immer waren vereint.

Rapunzel

Ein Ehepaar wünschte sich sehnsüchtig ein Kind,
Doch die Sehnsucht wurde verweht vom Wind.
Sie gaben nicht auf, hatten den Wunsch stets im Blick,
Eines Tages ging er in Erfüllung mit viel Glück.

Eine Zauberin hatte einen Garten mit hohem Zaun,
In dem Kräuter wuchsen, die man nicht konnte klauen.
Die werdende Mutter wollte die Rapunzeln essen,
Sie könnte sonst ihre Schmerzen nicht vergessen.

Um sie zu retten, kletterte der Mann in den Garten,
Doch die böse Zauberin ließ nicht lang auf sich warten.
Drohend wandte sie sich dem Eindringling zu:
Gib mir ein Versprechen, so lasse ich dich in Ruh.

Dein erstgeborenes Kind will ich haben,
Darauf musst du einen Schwur mir sagen.
Verzweifelt hatte er die Zusage gemacht,
Die böse Zauberin hat vor Freude gelacht.

Das erste Kind, ein Mädchen, wurde geboren,
Die Eltern haben es an die Zauberin verloren.
Viele Jahre wuchs sie bei der Zauberin auf,
Kannte die Eltern nicht, war schlecht drauf.

Mit zwölf musste sie in einen Turm ziehen,
Ohne Tür, sodass sie nicht konnte fliehen.
Sie verbrachte einsam die Nächte und die Tage,
Konnte sich nicht befreien aus ihrer Lage.

Die Einsamkeit verbrachte sie mit Gesang,
Wobei ihre Stimme wunderschön klang.
Doch wenn die Zauberin sie besuchen kam,
War Rapunzel immer schlecht dran.

Rapunzel, lass dein Haar herunter, rief sie aus,
Damit ich gelange zu dir ins Turmhaus.
Rapunzel ließ das lange, goldblonde Haar fallen,
An dem die Zauberin begann, sich festzukrallen.

An einem Morgen ritt ein Prinz in den Wald,
Doch plötzlich machte er an einer Lichtung Halt.
Er hörte, dass aus dem Turm jemand singt,
Mit einer Stimme, die wunderschön klingt.

Er sprang vom Pferd, sah einen Turm aufragen,
Den er nie gesehen hatte in all den Tagen.
Der Gesang verzauberte den Prinzen so sehr,
Vermissen möchte er ihn niemals mehr.

Am nächsten Tag ritt der Prinz zu dem Turm,
Statt Gesang hörte er eine Stimme im Sturm.
Es war die Hexe, die ihr Sprüchlein sagte
Und den Aufstieg an dem kräftigen Haar wagte.

Dann sah der Prinz die Hexe herunterklettern,
Als sie fort war, konnte er seine Chance wittern.
Rapunzel, lass dein Haar herunter, ahmte er nach,
Rapunzel wurde nicht skeptisch in ihrem Gemach.

Als Rapunzel das Haar herunterfallen ließ,
Der Prinz sich beim Klettern an der Mauer abstieß.
Oben angelangt, stieg er durchs Fenster ein,
Die Sängerin konnte für ihn schöner nicht sein.

Ahnungslos erstarrte Rapunzel vor Schrecken,
Er sagte: Ich wollte deine Angst nicht wecken!
Ich möchte nur deinen schönen Gesang hören
Und für immer und ewig deine Nähe spüren.

Er fuhr fort: Möchtest du meine Frau werden,
Ein sicheres Leben führen ohne Beschwerden?
Von der Einsamkeit wirst du für immer befreit,
Ich will dir versichern, dass du erfährst kein Leid.

Danach verließ der Prinz das Kämmerlein,
Sagte Rapunzel: Ich lasse dich wieder allein.
Morgen um die gleiche Zeit komme ich wieder
Und werde hören deine wunderschönen Lieder.

Der Prinz machte das Versprechen wahr,
Das war dem einsamen Rapunzel klar.
Ungeduldig wartete sie auf seinen Besuch,
Der endete für sie leider mit einem Fluch.

Das Vorhaben ahnte die böse Zauberin,
Nannte Rapunzel wütend eine Verräterin.
Sie brachte das Mädchen sogleich in den Wald,
Sagte: Dein Prinz kommt hierher bald.

Das lange Haar hatte sie abgeschnitten,
Sich mit Rapunzel lange darum gestritten.
Sie hängte es vom Turm in langen Bahnen,
So konnte der Prinz die List nicht erahnen.

Rapunzel wirst du nie wiedersehen,
Da kannst du noch so lange flehen.
Der Tod hat sie zu sich genommen,
So ist eure Liebe verglommen.

Die Hexe gab dem Prinzen einen kräftigen Stoß,
So fiel er dem Dornenbusch in den Schoß.
Durch die Stacheln verlor er das Augenlicht,
Irrte jahrelang durch das Waldesdickicht.

Als er in der Ferne eine Stimme hörte,
Die er erkannte und die ihn zu sich führte,
Stolperte er in großer Hast durch das Dunkel,
Da wartete mit ihren Kindern Rapunzel.

Auf solch traurige Weise wieder vereint,
Hat Rapunzel viele bittere Tränen geweint.
Sowie sie dem Prinzen in die Augen fielen,
Musste er nicht länger blind herumschielen.

An einem wunderschönen, sonnigen Tag
Erneuerte der Prinz den Heiratsantrag.
Mit großer Freude nahm Rapunzel ihn an
Und fragte den Prinzen bloß: Wo und wann?

Werden unsere Hochzeitsglocken läuten?
Auf den Tag will ich mich vorbereiten.
Das Glück will ich von Herzen genießen,
Sodass die Freudentränen werden fließen.

Bei Gott dir die ewige Treue schwören,
Mein Herz wird immer nur dir gehören,
Bis der grausame Tod uns wird scheiden
Und verursachen wird das große Leiden.

Rumpelstilzchen

Ein armer Müller hatte ein schönes Mädchen,
Das er liebte und auch alle andern im Städtchen.
Eines Morgens ging er im Wald spazieren,
Um den Geruch der vielen Bäume zu inhalieren.

Der Müller traf auf den König im Wald,
So kamen die beiden ins Gespräch sehr bald:
Der Müller sagte über sein einziges Mädchen,
Sie könne Gold herstellen am Spinnrädchen.

Das Gespräch gefiel dem König so sehr,
Da er sich von dem Gold erhoffte mehr.
Er sagte: Bring die Tochter ins Schloss hinauf,
Ihr soll es gut gehen und ich habe Gold zuhauf.

Die Tochter erschien am nächsten Tage,
Auch der König stellte ihre Anmut nicht infrage,
Er führte sie in die Kammer, schloss die Tür,
Sagte: Jetzt beweise deine Spinnkunst hier.

Wie fürchterlich musste das Mädchen weinen,
Stroh zu Gold zu spinnen gelingt doch keinem!
Da erschien ein kleines Männlein im Zimmer:
Müllerstochter, was soll das Gewimmer?

Ich werde dir das Stroh zu Gold spinnen,
Doch ich möchte von dir etwas dafür gewinnen.
Das Mädchen gab ihm seinen einzigen Schmuck.
Doch der König bekam von dem Gold nicht genug.

Er bat sie, noch ein letztes Mal Gold zu spinnen,
Danach wollte er endlich ihre Gunst gewinnen:
Bald sollst du meine Königin werden
Und nie wieder leben mit Beschwerden.

Doch das Männchen wollte keine Edelsteine,
Seine Bitte war eine grässliche und gemeine:
Dein erstgeborenes Kind will ich haben,
Du musst mir hier dein Ehrenwort sagen.

Die Müllerstochter hatte in diesem Fall
Keine Ausrede und keine bessere Wahl.
So versprach sie, das Ehrenwort einzuhalten,
Und es auf keinen Fall zu spalten.

Das erste königliche Kind wurde geboren,
In ihrer Angst fühlte sich die Königin verloren.
Da sie ja das Versprechen einlösen musste,
Fehlte ihr vor Schreck und Angst die Puste.

Als nun das Männlein wieder zu ihr kam,
Fing sie an zu weinen, war erfüllt von Gram.
Sie flehte ihn an, ihr das Kind zu lassen,
Und er sagte zu ihr, ohne auch zu spaßen:

Einzig will ich dir das Kind zuerkennen,
Wenn du mir kannst meinen Namen nennen.
Die Königin schrieb jeden Namen auf,
Nahm dabei auch seltsamen Klang in Kauf.

Doch keiner der vielen Namen war gut,
So verlor die Königin beinah den Mut.
Sie schickte alle Diener aus in die Welt:
Wer den Namen herausfindet, sei mein Held.

Die Diener machten sich auf die weite Reise,
So suchte jeder auf seine Weise.
Sie fragten nach dem Männlein überall,
Doch Hinweise gab es kein einziges Mal.

Als schon die Sonne untergegangen war
Und die Hoffnung der Suchenden wurde rar,
Sah ein junger Diener plötzlich einen Schein,
Der von einem großen Feuer musste sein.

Er schlich sich an das Spektakel heran,
Kniete sich hinter die Hecke sodann.
Ein kleines Männlein tanzte um das Feuer,
Sang und sah dabei aus wie ein Ungeheuer:

Heute back ich, morgen brau ich,
Übermorgen das Königskinde klau ich.
Ach wie gut, dass niemand weiß,
Dass ich Rumpelstilzchen heiß!

So sang es ein ums andre Mal beim Tanz,
Des Dieners Augen waren erfüllt von Glanz.
Seiner Herrin konnte er gute Kunde bringen
Er biss sich auf die Lippe, um nicht zu singen.

Mit Freude hatte ihn die Königin empfangen,
Er sagte zu ihr: Du musst nicht mehr bangen,
Das Kind ist in Sicherheit, holde Dame,
Rumpelstilzchen ist der gesuchte Name.

Als das Männlein bei der Königin erschien,
Hob sie glücklich und stolz das Kinn:
Rumpelstilzchen, dich verrieten deine Lieder,
Drum komme hier ins Schloss nie wieder!

Der gestiefelte Kater

Ein armer Müller im Dorf hatte drei Söhne,
Eine Mühle, einen Kater, aber keine Löhne.
Die Söhne mussten stets das Mehl mahlen,
Der Esel Getreide tragen, nicht lassen fallen.

Der Kater musste stets die Mäuse fangen,
Immer auch um die frische Milch bangen.
Die Söhne, die tägliche Arbeit verrichten,
Die Nervosität des Vaters oft schlichten.

Nach dem Tode wurde die Erbschaft verteilt,
Neugier und Ungewissheit daher geheilt.
Die alte Mühle bekam der älteste Sohn,
Den einige im Ort hielten für den Clown.

Den alten Esel bekam der zweite Sohn,
Der die Erbschaft betrachtete mit Hohn.
Der jüngste daher bekam den alten Kater,
Der wurde ihm bald zum besten Berater.

Was soll ich mit dem Kater anfangen?
So muss ich um die Zukunft bangen!
Der Kater bekam seine Sorgen mit,
Sagte ihm: Ich mache dich schon fit.

Lass mir beim Schuster Stiefel nähen
Und ich werde immer zu dir stehen.
Der Sohn ließ ihm die Stiefel nähen,
So sollte die Zukunft rosig aussehen.

Der Kater dachte sich immer was aus,
Hörte sich um und plante im Voraus.
Er hörte, dass der König Rebhühner mochte,
Und dass die Köchin ihm diese immer kochte.

Da die Rebhühner schwer zu fangen waren,
Musste die Köchin die Delikatesse sparen,
Der schlaue Kater füllte Korn in einen Sack,
Lauerte im Wald mit Stiefeln und Frack.

Am nächsten Morgen kamen sie heran,
Krochen in den Sack, waren schlecht dran!
Schnell zog der schlaue Kater die Leine zu
Und rief: Jetzt habt ihr eure ungewollte Ruh!

Mit den Rebhühnern ging er zum König,
Sagte: Ich bringe Rebhühner, nicht wenig.
Die Wache wollte ihn nicht hereinlassen,
Meinte: Du kannst mit uns nicht spaßen!

Doch der schlaue Kater ließ nicht nach,
Hielt den Wachmann mit Reden wach.
Gelangweilt ließ er ihn doch gehen,
Blieb selbst auf seinem Posten stehen.

Als der König die vielen Rebhühner sah,
Kam er dem Kater auch ganz schnell nah:
Bring mir von diesen Vögeln noch mehr!
Ich will dich belohnen, wer ist dein Herr?

Mit Gold lief der Kater zu seinem Herr,
Rief: Schau, der Sack ist mit Gold schwer!
Das viele Gold schüttete er aus dem Sack,
Das in der ganzen Armenstube lag.

Dem Kater machte die Jagd immer Spaß,
So auch unternahm er sie stets ohne Maß.
Durch das Gold bereicherte sich sein Herr
Und es wurde mit jedem Tage noch mehr.

Er träumte schon von einem schönen Haus,
Der Kater sagte: Du bist aus der Not heraus.
Er schlug ihm vor, ins Meer baden zu gehen:
So wirst du als vermögender Graf dort stehen!

Eine Kutsche mit dem König fuhr vorbei,
Und der Kater machte ihr den Weg frei.
Der König fragte ihn: Was machst du hier?
Ich warte auf den Grafen und trinke Bier.

Der Graf muss immer noch im Wasser bleiben,
Seine Sachen sind gestohlen, so muss er leiden.
Der König gab dem Kater die neuen Sachen,
Sein Herr konnte wie ein Graf nun lachen.

Der Kater ging spazieren, sah eine Wiese,
Fragte: Wessen Ländereien sind diese?
Dem Zauberer! riefen die Männer sogleich,
Nicht einmal der König ist gar so reich.

Der schlaue Kater lief zum Zaubergrafen:
Ich hoffe, du gehst noch nicht schlafen?
Ich hörte von deinen Künsten und Zaubereien,
Du kannst dich verzaubern und auch befreien.

Kannst du dich in einen Elefanten verzaubern?
Und ob ich es kann, ich zeig es dir auch gern.
Kannst du dich auch verzaubern in eine Maus?
Der Kater fraß sie auf, lief aus dem Haus heraus.

Zufrieden lief der Kater zu seinem Herr,
Rief: Du bist vermögender Graf und mehr.
Der König ist reich mit seinem Vermögen,
Du dagegen reicher und für ihn ein Segen.

Der König hatte die Prinzessin versprochen,
Hat sein Ehrenwort daher nicht gebrochen.
Es wurde eine unvergessliche Hochzeitsfeier
Mit vielen Gästen, Speis, Musik und Leier.

Der König mochte den Kater immer mehr,
Berief ihn zum obersten Staatsminister.
Der Kater dachte sich immer was Neues aus,
Wodurch sein Herr aus der Armut kam raus.

Dank des schlauen Katers wurde er Graf
Und nicht mehr ein armes, dummes Schaf.
Der Kater verhalf ihm auch, König zu werden,
Die Prinzessin zu heiraten, das Land zu erben.

Der arme, aber ehrliche Müllerssohn,
Dank des schlauen Katers betrat er den Thron.
Auch der Kater bekam seinen verdienten Lohn,
Wurde im Königshaus Minister und kein Spion.

Der Wolf und die sieben Geißlein

Die sieben Geißlein waren nie allein,
Spielten immer miteinander fein.
Mama Geiß wollte Futter beschaffen,
Sagte ihnen: Macht keine bösen Sachen!

Schließt immer alle Türen zu,
So habt ihr eure nötigte Ruh.
Macht niemandem die Türe auf,
Und ihr seid immer gut drauf.

Der Wolf lauerte hinter dem Haus,
Freute sich auf den Ziegenschmaus.
Er schlich sich an das Häuschen ran
Und klopfte immer wieder laut an.

Er hörte eine leise Stimme fragen,
Wer ist da, kannst du uns das sagen?
Liebe Geißlein, öffnet mir die Tür,
Ich, eure Mama, stehe schon hinter ihr.

Doch die Geißlein, in großer Bange,
Fragten: Wo warst du denn so lange?
Da sahen sie aus dem Fenster eine Tatze,
Und zogen hinter der Tür nur eine Fratze.

Der Wolf bemehlte seine graue Hand,
Schaute dann, dass er Kreide fand.
Die verschaffte ihm ein hohes Stimmlein
So glich er der Mutter der sieben Geißlein.

So öffnet mir bitte schnell die Tür,
Da ich immer noch stehe hinter ihr.
Ahnungslos schlossen sie die Tür auf,
Der Wolf sprang auf den Tisch rauf.

Verwirrt liefen die Geißlein herum,
Der Wolf drehte sich im Kreise um.
Er hatte alle Geißlein verschlungen,
Das ihm mit Freude ist gelungen.

Doch eines versteckte sich in der Uhr,
Von den anderen gab es keine Spur.
Der Wolf legte sich in den Schatten
Auf den großen und weichen Matten.

Nach der Rückkehr der Mama Geiß
Roch es nach unangenehmem Schweiß.
Die Geiß rief die Namen aller Geißlein,
Nur eines antwortete ganz leise und fein.

Mami, hol mich aus der Uhr heraus,
Der böse Wolf fraß alle Geißlein auf.
Mama Geiß überlegte nicht lange,
Sagte: Dem Wolf wird es gleich bange!

Sie schnitt dem bösen Wolf den Bauch auf,
Die Geißlein sprangen raus, waren gut drauf.
Sie legte ihm Steine in Bauch, nähte ihn zu,
Sagte zu ihm: Jetzt hast du deine nötige Ruh.

Als der Wolf aufwachte, hatte er Durst,
Er suchte eine Wasserquelle aus Frust.
Als er sie gefunden hatte, aus ihr trank,
Fiel er mit den Steinen rein und versank.

Im Versteck sahen ihm die Geißlein zu,
Riefen: Jetzt hast du deine verdiente Ruh!
Danach tanzten sie um den Brunnen herum,
Freudig riefen sie: Wolf, du bist sehr dumm.

Für die bösen Taten musst du jetzt büßen,
Wir daher werden dich treten mit Füßen.
Da du dir nichts Anderes verdient hast,
Musst du jetzt tragen die schwere Last.

Mama Geiß sagte zu ihren Geißlein:
Nie wieder lasse ich euch ganz allein!
Ihr habt meine Warnung nicht befolgt,
Daher bin ich um euch sehr besorgt.

In der Zukunft sollte es eine Lehre sein,
Befolgt man sie, werdet ihr euch fühlen fein.
Im Leben muss man noch vieles lernen,
Die lauernden Gefahren zu erkennen.

Der böse Wolf bekam die verdiente Strafe,
Für die Taten, die man nicht sollte machen.
Die Geißlein wuchsen in Obhut der Geiß auf,
Waren glücklich und immer auch gut drauf.

Hänsel und Gretel

Hänsel und Gretel verliefen sich im Wald,
Sie waren Geschwister und fast gleich alt.
Sie hatten vor, Beeren zu pflücken,
Um damit ihre Eltern zu beglücken.

Da sie sich im Walde verirrten,
Kälte und großen Hunger verspürten,
Liefen sie trotz Dunkelheit weiter,
Hätten gerne einen netten Begleiter.

Als Gretel vor Erschöpfung weinte,
Hänsel, ihr großer Bruder, meinte:
Gretel, versuch, etwas zu schlafen!
Ich werde gleich neben dir wachen.

Morgen wirst du wieder fit sein,
Dich auch fühlen stark und fein.
Müde und erschöpft schlief Gretel ein,
Und Hänsel fühlte sich dabei fein.

An dem nächsten, frühen Morgen
Fühlte sich Gretel gut geborgen.
Sie versuchte, tapfer zu bleiben,
Um Hänsel zu ersparen das Leiden.

Als sie versuchten, weiterzugehen,
Blieb Hänsel mit einem Mal stehen.
Er sah in der Ferne ein kleines Licht,
Ein Schatten fiel auf Gretels Gesicht.

Der Hunger machte sich bemerkbar,
Und der Irrweg wurde ihnen klar.
Sie gingen mit schnellem Schritte
Zu dem Lichtschein in der Hütte.

Sie sahen ein schönes Knusperhaus,
Das sie einlud zum leckeren Schmaus.
Da ihr großer Hunger unerträglich war,
Knabberten sie an dem Häuschen gar.

Sie hörten eine tiefe Stimme fragen:
Wer knuspert da? Soll es mir sagen!
Zwei Kinder, die sich hier verirrten,
Die Kälte und Hunger verspürten,

Den Nachhauseweg nicht mehr finden,
Mit Hunger, Kälte und Angst ringen.
Der weite Weg in der dunklen Nacht
Bereitet uns Kummer und hält uns wach.

Da das Häuschen der Hexe gehörte,
Sie den Hunger der Kinder verspürte,
Sagte sie: Kommt ins Häuschen rein
Und ihr werdet euch hier fühlen fein.

Die Hexe erschlich sich das Vertrauen,
Hänsel und Gretel werden es bedauern.
Da sie erschöpft und hungrig gewesen sind,
Vertrauten sie der bösen Hexe blind.

Die Hexe versuchte, lieb und gut zu sein,
Und sagte zu ihnen: Fühlt euch hier fein!
Als Gretel schlief, sperrte sie Hänsel ein,
Gretel musste ihm das Essen servieren fein.

Da Gretel das Vorhaben der Hexe voraussah,
Wurde sie sich über die Hänsel-Rettung klar.
Sie befreite ihn aus dem engen Gitterkäfig
Und rettete ihm somit das Leben für ewig.

Da die böse Hexe sehr blind gewesen ist,
Ahnte sie nicht Gretels Befreiungslist.
Hänsel und Gretel machten im Ofen Feuer,
Das der Hexe zum Weiterleben kam teuer.

Sie öffneten die Ofentür, schubsten sie rein,
Und schlossen schnell die Ofentüre fein.
In dem schönen Knusperhäuschen-Land
Wurde die böse Hexe so endlich verbrannt.

Die Geschwister traten den Heimweg an,
Sie waren sehr glücklich, froh und gut dran.
Die Eltern waren in großer Sorge und Bange,
Sie fragten: Kinder, wo wart ihr denn so lange?

Die Geschwister erzählten, was passiert sei:
Von Ängsten und Nöten waren wir nicht frei,
Doch Armut und die Not hatten bald ein Ende
Dank einer glücklichen und sehr frohen Wende.

Nie wieder mussten sie Hunger erleiden,
Wussten gefährliche Wege nun zu vermeiden.
Nie wieder verließen sie das Elternhaus,
Waren aus Ängsten und Gefahren raus.

Das tapfere Schneiderlein

Das tapfere Schneiderlein war in Not,
Hatte kein Geld fürs tägliche Brot.
Eine Bäuerin brachte ihm Früchte,
Am frühen Morgen, bei hellem Lichte.

Er sollte sich damit Brote schmieren,
Die Geduld dabei nicht verlieren.
Er ließ das Brot auf dem Tisch liegen,
So befielen es die vielen Fliegen.

Als das Schneiderlein die Fliegen sah,
Kam er ganz schnell an das Brot nah.
Mit einer Klatsche schlug er drauf,
Nahm so den Schaden auch in Kauf.

Er erschlug sieben auf einen Streich,
Die auf dem Früchtebrot klebten weich.
Das Schneiderlein fühlte sich als Held,
Unternahm eine Reise durch die Welt.

Bevor er die Weltreise unternahm,
Nähte er einen engen Gürtel stramm.
Auf dem Gürtel stand geschrieben:
Ich werde meine Pflichten ausüben.

Ich schlug sieben auf einen Streich,
Und alle waren sofort windelweich.
Das Schneiderlein ging zur Wiese,
Auf der schon saß ein großer Riese.

Als der Riese die Gürtelaufschrift sah,
Kam er dem Schneiderlein ganz nah,
Nahm ihn mit, stellte ihn den Riesen vor,
Sagte zu ihnen: Ihr kriegt was aufs Ohr!

Das Schneiderlein sammelte viele Steine,
Stieg auf einen Baum, band sich an eine Leine.
Alle Riesen schliefen tief und fest ein,
Das Schneiderlein warf auf jeden einen Stein.

Durch den Wurf der Steine wachten sie auf,
Halb verschlafen, waren sie schlecht drauf.
Sie stritten untereinander und sahen rot,
Sie kämpften untereinander bis zum Tod.

Danach stieg er vom Baum, ging weiter,
Fühlte sich als Held, war froh und heiter.
Er ging einen weiten, unbekannten Weg,
Den ihm die Krieger versperrten schräg.

Das Schneiderlein fühlte sich als Sieger,
So ging er furchtlos zu auf die Krieger.
Es waren Krieger aus dem Königshaus,
Die gerne aus den Diensten möchten raus.

Sie sahen auf dem Gürtel die Aufschrift,
Sehnten sich als Krieger nach dem Austritt.
Daher nahmen sie das Schneiderlein mit,
Stellten ihn als Held vor, sagten, er sei fit.

Schneiderlein, du musst ins Schloss gehen,
Der König will dich ganz persönlich sehen.
Angekommen stellte er sich dem König vor,
Der sagte: Die Feinde kriegen was auf Ohr.

Der König sagte zum Schneiderlein:
Wenn du meine Befehle ausführst fein,
Kriegst du als Belohnung mein Mädchen,
Dazu eine Kutsche mit goldenen Rädchen.

Außerdem bekommst du auch das Schloss,
Zum Reiten ein starkes, schwarzes Ross.
Doch erst musst du alle Feinde bekriegen,
Und alle müssen tot auf dem Felde liegen.

Wird deine so gelobte Tapferkeit siegen,
Wirst Du meine schöne Tochter kriegen.
Mit Tricks bekämpfte Schneiderlein die Krieger,
So wurde er ein großer Held und starker Sieger.

Er musste zwei weitere Aufgaben ausführen,
Sperrte Einhorn und Wildschwein hinter Türen.
So auch hatte der König keine andere Wahl,
Musste sich geschlagen geben in diesem Fall.

Das arme Schneiderlein wurde sehr reich,
Da es mit Tricks alle schlug windelweich.
Der König hat das Versprechen eingehalten,
Ließ das Schneiderlein über das Schloss walten.

Zur Hochzeit gab es eine opulente Feier
Mit sehr vielen Gästen, mit Musik und Leier.
Das Paar war glücklich bis zum Lebensende
Und das Märchen hatte eine glückliche Wende.

Tischlein, deck dich!

Ein Schneider lebte in einem kleinen Ort
Mit drei Söhnen und einer Ziege dort.
Die Söhne mussten die Ziege zur Weide führen,
Bekamen ihre Kaprizen zu spüren.

Sie machte den Söhnen das Leben schwer,
Weil sie nie zufrieden war, wollte nur mehr.
So verjagte der Vater die Söhne von seinem Gut,
Er glaubte der Ziege und war nicht auf der Hut.

Sie gingen in die große, weite Welt,
Die ihnen immer schon sehr gefällt.
Der Vater merkte, dass er unrecht hatte,
So verjagte er die Ziege mit einer Latte.

Die Brüder erreichten die schöne, weite Welt,
In der sie Arbeit fanden, die ihnen gefällt.
Der älteste Sohn bekam einen Wundertisch,
Bei „Tischlein deck dich" kam Essen frisch.

Der Mittlere bekam einen Goldesel ins Haus,
Bei „Esel streck dich" kamen Goldstücke raus,
Der Jüngste einen „Knüppel aus dem Sack",
Der nachts immer neben seinem Bette lag.

Der Wirt, der war von Neid besessen,
Vertauschte den Tisch und den Esel indessen.
Nach langer Zeit gingen die Brüder zurück,
Scheinbar mit Reichtum und großem Glück.

Da sie dem Vater verziehen hatten,
Wollten sie ihm das persönlich sagen.
Angekommen, klopften sie an die Tür,
Riefen: Vater, deine Söhne sind hier!

Wir möchten dir unseren Reichtum zeigen,
So wirst du nie wieder Armut leiden.
Doch die Zauberkünste blieben aus
Und so gab es keinen leckeren Schmaus.

Verärgert sagten die Brüder: Wie kann das sein?
Bis hierhin war doch alles immer gut und fein.
Als sie langsam erahnten den bösen Betrug,
Sagte der jüngste Bruder: Jetzt ists genug!

Mit einem bösen und gefährlichen Blick
Holen wir die vertauschten Sachen zurück.
Der Wirt kann ein blaues Wunder erleben,
Muss die vertauschten Sachen zurückgeben.

Energisch und wütend zogen sie aus,
Bis sie gelangten zum alten Wirtshaus.
Stellten an der Mauer eine Leiter auf,
Kletterten zum offenen Fenster hinauf.

Der Jüngste ging voran mit dem Knüppel:
Der Wirt soll sich bald fühlen wie ein Krüppel!
Er näherte sich dem schlafenden Wirt,
Der in seinem Schlummer noch nichts gespürt.

Als er aufwachte, versuchte er, zu fliehen,
Doch schnell musste er vor dem Knüppel knien.
Mit zitternder Stimme und ängstlichem Blick
Gab der Wirt den Tisch und den Esel zurück.

Glücklich kehrten die Söhne zum Vater heim,
Mit ganzem Stolz gingen sie ins Haus hinein.
Tischlein und Goldesel verteilten reiche Gaben,
Daran konnte sich die ganze Familie laben.

Sie mussten nie wieder Armut leiden,
Auch nicht die Ziege führen zu Weiden.
Sie führten ein glückliches, sicheres Leben,
Das ihnen vom Schicksal wurde gegeben.

Der Froschkönig

Der Prinzessin fiel die goldene Kugel in den Brunnen,
Vor Verzweiflung hörte sie die Wespen summen.
Als sie so unbeholfen und erschrocken dastand,
Sah sie einen Frosch sitzen auf dem Brunnenrand.

Der Frosch sprang sie an und sagte zu ihr:
Prinzessin, unter einer Bedingung helfe ich dir!
Ich möchte dich zur Spielkameradin haben,
Aber beim Spielen immer auch das Sagen.

Das Bett müsstest du mit mir teilen
Und auch beim Essen will ich bei dir verweilen.
Sie war so traurig über den Verlust,
Dass sie einwilligte, doch nicht ohne Frust.

Daher suchte sie bei ihrem Vater Rat,
Sagte: Mit dem Frosch ist es mir zu fad.
Der Vater sagte: Gegebenes Wort halte ein,
Da du die Kugel wiederhast, soll es so sein!

Widerwillig war sie so einverstanden,
Musste um ihre Zeit und Muße bangen.
Der Frosch wartete schon am Bettrand,
Sie nahm ihn, warf ihn gegen die Wand.

Als sie auf der Wand den Blutfleck sah,
War ihr der Tod des Frosches klar.
Sie drehte sich um und wollte weggehen,
Sah einen schönen Prinzen und blieb stehen.

Verwirrt glaubte sie, einen Geist zu sehen,
Wollte ganz schnell aus dem Raume gehen.
Der Prinz nahm ihre Hand und sagte zu ihr:
Bitte geh nicht fort, bleib für immer bei mir.

So fragte sie: Wo bist du hergekommen?
Er sagt: Den Fluch hast du von mir genommen.
So schick mich bitte nicht von dir fort,
An einen unbekannten, weiten, fremden Ort.

Gemeinsam werden wir uns gut fühlen,
Mit unserer neuen Liebe nicht spielen.
Ich werde dich stets auf Händen tragen,
Täglich dir auch schöne Worte sagen.

Lass uns für immer beisammen sein,
So wir werden uns auch fühlen fein.
Die Zauberei erreicht mich nie wieder,
Gemeinsam werden wir singen Lieder.

Du hast mich von der Zauberei befreit,
Von dem unerträglichen, großen Leid.
Mein Leben will ich mit dir verbringen,
So wird uns alles jederzeit gelingen.

Dieses Glück werden wir wahren,
An Bösartigkeiten immer sparen,
Ein schönes Leben weiterführen,
Tagtäglich großes Glück verspüren.

Das Glück immer wieder genießen,
Mit den wunderbaren, vielen Küssen.
Wir lassen dies nie wieder zerstören,
Werden uns ewige Treue schwören.

Vorbereitung zur Hochzeit fand statt,
Die Prinzessin brauchte dringend Rat.
Die Kammerfrau bot ihr die Hilfe an,
Machte sich fleißig an die Arbeit ran.

Der Tag der Trauung war gekommen,
Die Angst der Prinzessin so genommen.
Die Hochzeit verlief in großer Pracht,
Alle Gäste feierten bis in die tiefe Nacht.

Das Paar schwebte in großem Glück,
Das sie immer behielten im Blick.
Sie bekamen zwei schöne Kinder,
Die brav waren und keine Sünder.

Behütet wuchsen sie im Schlosse auf,
Waren glücklich und immer gut drauf.
Das Glück hatte sie nie mehr verlassen,
Sie ließen es auch nie wieder verblassen.

Die drei Spinnerinnen

Eine Mutter zwang die Tochter zum Spinnen,
Sie wollte damit sehr viel Geld verdienen,
Auf Spinnen hatte die Tochter keine Lust,
Stattdessen war sie traurig und hatte Frust.

Eines Tages verlor die Mutter die Geduld,
Schlug sie und sagte: Du selbst bist schuld!
Die Tochter fing an, sehr laut zu klagen,
Wollte keinen Streit mit der Mutter austragen.

Eine Königin fuhr in einer Kutsche vorbei,
Sie hörte das unerträgliche, laute Geschrei,
Ließ die Kutsche anhalten, wollte ins Haus,
Als die verärgerte Mutter kam heraus.

Die Königin fragte, wer denn so laut weinte,
So die Mutter aus Angst und Scham meinte:
Die Tochter hört mit dem Spinnen nicht auf,
Ist ungehorsam, so nahm der Zank seinen Lauf.

Die Königin nahm die Tochter auf den Schoß,
Die sich fühlte geschmeichelt und auch famos.
Danach nahm sie die Tochter mit aufs Schloss,
Zeigte ihr drei Kammern im oberen Geschoss.

In jeder Kammer sollte sie Garn spinnen,
Durch das Spinnen den Prinzen gewinnen.
Doch im Spinnen war sie nicht geschickt,
Da hat sie drei ärmliche Basen erblickt.

Unnatürlich hängende Lippen hatte die eine,
Die zweite einen Plattfuß und sehr lange Beine,
Die dritte einen breiten Daumen an der Hand,
Sie trug dabei ein durchlöchertes Gewand.

Sie sagten: Wir werden dir das Garn spinnen,
Möchten dadurch deine Gunst gewinnen,
Als Belohnung bei deiner Hochzeit dabei sein,
Und uns fühlen wie alle anderen, gut und fein.

Auf die Prinzenhochzeit warteten alle gebannt,
Die Braut und der Prinz waren ganz entspannt.
Doch dem Bräutigam fielen die drei Basen auf,
So war er skeptisch und auch schlecht drauf.

Er fragte, wie es zu den Missbildungen kam,
Da antworteten die drei Basen voller Scham:
Das viele Spinnen ist dafür der Grund,
So lebt es sich schlechter als ein Hund.

Eine der Basen erzählte, wie es passiert sei:
Vom Treten des Spinnrades wurde ich nie frei.
Die andere sagte: Ich musste das Garn lecken,
Mit den hängenden Lippen es auch schmecken.

Die dritte Base musste stets die Fäden drehen,
Zu dem unnatürlich dicken Daumen stehen.
Der Prinz nahm die Worte der drei Basen ernst,
Verängstigt sagte er zu seiner Frau ohne Scherz:

Ich lasse dich nie wieder das Garn spinnen,
Und damit kein schmutziges Geld verdienen.
Das Spinnen, das die Königin für sie vorgesehen,
Konnte sie dank der drei Basen verschmähen.

Das Königspaar wurde von Glück umgeben,
Das auch hielt im weiteren, schönen Leben.
Das Familienglück konnte keiner zerstören,
Da keine Intrigen mehr waren zu hören.

Tochter und Mutter haben sich versöhnt,
Unangenehmes galt ab jetzt als verpönt.
Die Vergangenheit hatten sie vergessen
Und ließen sich an der Zukunft messen.

Das Paar war gesegnet mit zwei schönen Kindern,
Keiner konnte das große Glück verhindern.
Sie genossen das friedvolle Familienleben,
Das ihnen vom Schicksal wurde gegeben.

Der Prinz übernahm in Zukunft den Thron,
Führte ihn gewissenhaft und ohne Hohn.
Es war ein angesehenes, gutes Königshaus,
Mit Festen, Getränken und gutem Schmaus.

Zu den Feiern waren viele Gäste geladen,
Die sich labten an Wein, Sekt und Braten.
Danach wurde getanzt, gehüpft und gesungen,
Die Feiern waren immer sehr gelungen.

Die Gänsemagd

Eine Königsfamilie lebte in großem Glück,
Hatte die Königstochter stets im Blick,
Bis der Tod des Königs dieses Glück zerstörte,
Das Volk die Klage der Hinterbliebenen hörte.

Die Königin liebte die Tochter so sehr,
Sorgte sich um sie mit jedem Tage mehr.
Da sie als Braut einem Prinzen versprochen war,
Wurde sich die Königin über die Trennung klar.

Die Tage der Trennung waren gekommen,
Der Prinzessinnenmutter das Liebste genommen.
Sie schenkte der Prinzessin ein Amulett:
Trage es immer, auch wenn du gehst zu Bett.

Bewahre das Amulett auf, lass es versteckt
Und halte dich über seine Macht bedeckt!
Es wird dich vor allem Bösen beschützen,
Und keinem anderen wird es je nützen.

Die Prinzessin war auf dem Weg nicht allein,
Bekam eine Magd und ein treues Pferdchen fein.
Das Pferd Falada war ein freundlicher Begleiter, Es
konnte sprechen und die Prinzessin war heiter.

Die Magd sollte aus dem Bache Wasser holen,
Doch sie sagte: Dein Befehl bleibt mir gestohlen!
Prinzessin, steig vom Pferd, hol es dir selbst,
Wenn du Tollpatsch dabei nicht vom Pferde fällst!

Die Prinzessin ging zum Bach und trank,
So das Amulett im tiefen Bach versank.
Sie sagte: Wir werden eine Pause einlegen,
Um die Beine zu strecken und zu bewegen.

Prinzessin, du hast über mich keine Macht!
Frech schaut sie die Prinzessin an und lacht,
Sie sagt zu ihr: Zieh die Kleider aus, gib sie mir!
Ab jetzt bist du die Magd, ich die Prinzessin hier.

Als sie weiterritten, konnte man das Schloss sehen,
Die Magd sagte: Du darfst nicht zum Prinzen gehen!
Bei der Ankunft wartete der Prinz auf die Braut,
Die sich nicht gut fühlte in einer falschen Haut.

Der Prinz fragte: Wer ist denn die Schöne dort? –
Es ist die Magd, schick sie bitte schnell fort! –
Warum? Sie kann auf die Gänse aufpassen
Und mit dem Gänsehüter Kürdchen spaßen.

Die falsche Prinzessin hatte das Pferd töten lassen,
Der Prinz konnte das Geschehen nicht fassen.
Den Pferdekopf ließ sie an das Tor anbringen,
So sollte der Spott der Menschen erklingen.

Die Prinzessin musste an dem Tor vorbeigehen,
Als sie den Kopf des Pferdes sah, blieb sie stehen.
Oh Gott, was haben die Barbaren mit dir gemacht?
Wie schlimm, dass die falsche Prinzessin noch lacht.

Dem König gefiel die falsche Prinzessin nicht,
Er sagte: Sie führt mich nicht hinters Licht!
Der Gänsehüter sollte die neue Magd ausspähen,
Stimmt der Verdacht, muss die andere gehen.

Kürdchen, vom neugierigen König ausgefragt,
Erzählte, was der sprechende Pferdekopf sagt:
Würde dich die Königin als Magd schuften sehen,
Sie würde vor Schmerz den Tag nicht überstehen.

Kürdchen erzählte auch vom sprechenden Wind,
Der auf sie hörte und sie ansprach als Königskind.
So der König: Das kann doch kein Zufall sein!
Als Magd ist sie zu zart, zu schön und zu fein.

Der König sprach sie an, fragte, wer sie sei,
Sie antwortete: Bin zu sprechen nicht frei.
So der König sagte: Geh dort ans Ofenrohr,
Erzähl dein wahres Leid, dort ist kein Ohr.

Sie ging ans Rohr, erzählte, was passiert sei,
Ihr Gewissen war jetzt erleichtert und frei.
Der schlaue König stand hinter dem Rohr
Mit einem wachsamen und offenen Ohr.

So erfuhr er die ganze, grausame Wahrheit,
Ging zum Prinzen, erzählte ihm von dem Leid.
Der Prinz nahm die echte Prinzessin in den Arm,
Ums Herz wurde es den beiden warm.

Die falsche Prinzessin verließ das Schloss,
Mit ihrem alten, kranken und faulen Ross,
Da sie nichts zu essen und trinken bekam,
War sie auf dem weiten Weg schlecht dran.

Das Prinzenpaar strahlte im hellen Licht,
Ließ die große Liebe nie mehr außer Sicht.
Sie bekamen zwei wunderschöne Kinder,
Die lieb und schlau waren, keine Sünder.

Die goldene Gans

Eine verarmte Familie hatte drei Söhne,
Fühlte sich schlecht ohne Arbeit und Löhne.
Der Jüngste mit dem Namen Dummling
War zurückhaltend, dafür aber sehr flink.
Oft wurde er verspottet, nicht ernst genommen,
So war er traurig, sah die Welt verschwommen.

Der Älteste ging in den Wald, um Holz zu hauen
Und wollte damit das Elternhaus ausbauen.
Die Mutter gab ihm Trinken und Essen mit,
Sagte: Lege eine Pause ein und so wirst du fit.
Nach halber Arbeit legte er eine Pause ein,
Ließ sich nicht stören beim Gläschen Wein.

Als er zu essen begann, kam ein Männlein daher:
Dein Essen zu teilen, fällt dir sicher nicht schwer?
Seit Tagen habe ich nichts getrunken und gegessen,
Deine Speisen kann ich nun nicht mehr vergessen.
Doch weder Brot noch Wein wollte er geben:
Das schwere Holzhauen muss ich noch überleben!

Er schwang die Axt, aber dachte an den Wein,
Statt den Baum zu treffen, traf er sein Bein.
Aus dem Versteck sah ihm das Männlein zu:
Das war's mit dem Genuss und auch mit der Ruh!
Niedergeschlagen musste er nach Hause gehen,
Und sah das Männlein hinterm Baume stehen.

Schmerzverzerrt machte er sich auf den Heimweg,
Mit dem verletzten Bein ging er langsam und schräg.
Zu Haus verarzte er das Bein und legte sich schlafen,
Die bösen Träume über das Erlebte ihn trafen.
Am nächsten Tag ging der zweite Sohn los,
Auch sein Proviant war reichlich und famos.

Angekommen machte er sich an die Arbeit ran,
Wie sein älterer Bruder war auch er schlecht dran.
Als er Hunger verspürte, legte er eine Pause ein,
Das Männlein bat: Gib mir was ab, iss nicht allein! –
Da ich Kraft brauche, kann ich dir nichts geben,
So musst du weiter mit deinem Hunger leben.

Er stand auf und ging los, das Holz zu hacken,
Doch er spürte ein ungutes Gefühl im Nacken.
Er suchte einen Baum und sagte: Dieser hier ist fein,
Doch statt des Baumes traf auch er das eigene Bein.
Mit dem verletzten Bein stolperte er auf dem Weg,
Verzweifelt ging er langsam und weiter schräg.

Zu Hause angekommen legte er sich nieder,
Verarztete das Bein, ihm schmerzten die Glieder.
Da den Brüdern die Arbeit nicht wollte gelingen,
Ging Dummling zum Vater, um einzuspringen:
Auch ich werde morgen in den Wald losziehen,
Vor der Arbeit, meinen Pflichten nicht fliehen.

Die Mutter gab ihm sauer Bier und Aschekuchen,
Das Essen nahm er mit, ganz ohne zu fluchen.
Das Männlein lauerte schon auf den Dummling
Und beobachtete, wie er zu hauen anfing,
Es kam hervor und sprach ihn sogleich an:
Ich habe Hunger und Durst, bin fürchterlich dran.

Dummling lud das Männlein zum Essen ein:
Iss und trink mit mir, so werden wir uns fühlen fein.
Speis und Trank werden wir unter uns teilen,
Nicht länger in Hunger und Durst verweilen.
Verwundert nimmt er statt des Biers und der Asche
Besten Wein und feinste Torte aus seiner Tasche.

Nach dem Essen verabschiedete sich das Männlein,
Es sagte zu ihm: Du warst zu mir so gut und fein,
Dafür danke ich dir, möchte dich auch belohnen,
Wirst nie wieder arm sein oder schlecht wohnen.
Dazu musst du nur diese Buche behauen
Und, sowie sie fällt, in das Wurzelwerk schauen.

Mit diesen Worten entwich das Männlein
Und ließ unsern Dummling ganz allein.
Als er den Baum gefällt hatte mit Schwung,
Kam er dicht heran und sah mit Verwunderung:
Im Loch befand sich mit goldenen Federn die Gans,
Die er vorsichtig herausnahm und nannte Hans.

Mit der goldenen Gans ging er ins Wirtshaus,
Genehmigte sich ein Bier und einen Schmaus.
Im Wirtshaus befanden sich zwei Schwestern,
Sie sahen die Goldgans und fingen an zu lästern.
Eine der Schwestern wollte eine Goldfeder haben,
Riss die Gänsefeder aus, ohne vorher zu fragen.

Doch die Goldfeder klebte an der Schwester fest,
Sie haftete an ihr für ihren ganzen Lebensrest,
Die zweite Schwester versuchte, sie zu befreien,
Und klebte auch fest, als Nächste an den Reihen.
Als ein Pfarrer die zwei Schwestern kleben sah,
Wollte er sie befreien und kam ihnen nah.

Er zog an den Schwestern, um sie zu befreien,
Blieb selber kleben, als Dritter an den Reihen.
Dummling ging mit der goldenen Gans weiter,
Fühlte sich gesättigt, fröhlich und auch heiter.
Er landete in einer menschenerfüllten Stadt,
War vom Wandern erschöpft und etwas matt.

Der König im Lande hatte eine Tochter,
Die aus einem bestimmten Grund niemand mochte:
Sie war immer ernst und konnte nicht lachen,
So begann der König, sich große Sorgen zu machen.
Der traurige König gab ein neues Gesetz heraus,
Durch das es mit dem Unglück sollte bald sein aus.

Die Bedingung war, sie zum Lachen zu bringen,
Wird es jemanden geben, dem es wird gelingen,
Bekommt er sie als Frau und dazu das Schloss,
Zum Reiten ein kräftiges, schwarzes Ross.
Festklebende Personen liefen Dummling nach,
Hielten die Stadt und das Königshaus wach.

Sie näherten sich dem schönen Königshaus,
Aus dem die ernsthafte Königstochter kam heraus.
Als sie Dummling mit der Menschenkette sah,
Fing sie an, laut zu lachen, und war den Tränen nah.
Das laute Lachen konnte sie sich nicht verkneifen,
Das Eheglück war für Dummling nah zum Greifen.

Um sich dem Erbe dennoch in den Weg zu stellen,
Ließ der König den Dummling Aufgaben erfüllen.
Das Waldmännchen stand mit Rat und Tat zur Seite
Und der König musste eingestehen seine Pleite.
Ungern gab der König die Tochter zur Heirat frei,
Die stattfinden sollte im schönen Monat Mai.

Durch die Gans wurde Dummling berühmt,
Von einigen bestaunt, von anderen beschimpft.
Für seine Gutmütigkeit wurde er groß belohnt
Und von der Armut für immer verschont.
Es lohnt immer für alle, ehrlich und gut zu sein,
So verläuft das Leben sorgenlos und auch fein.

Frau Holle

Eine Witwe mit zwei Töchtern wohnte im Ort,
Aus dem sie auch nie wieder wollten fort.
Die Stieftochter war fleißig und schön anzusehn,
Die eigene Tochter hässlich, sie ließ alles stehn.

Die Stieftochter musste den Haushalt führen,
Bekam von der Hässlichen Neid zu spüren.
Sie machte ihr das tägliche Leben schwer,
Sorgte, dass die Arbeit wurde immer mehr.

Am Brunnen spinnen musste sie täglich,
Ohne jede Erholung ging es ihr kläglich.
Durch das Spinnen wurden die Finger blutig,
Doch sie gab nicht auf und war immer mutig.

Als die Spule vom Blut verschmiert war,
Wurde sie sich über die Konsequenz klar.
Beim Waschen fiel die Spule in den Brunnen,
In der Angst hörte sie die Wespen summen.

Sie sprang in den Brunnen, wurde bewusstlos,
Hielt die blutverschmierte Spule im Schoß.
Als sie aufwachte, saß sie auf einer Wiese,
Bei diesem Anblick vergaß sie alles Fiese.

Sie pflückte einen schönen Blumenstrauß,
Den sie mitnahm in ihr zukünftiges Haus.
Sie verließ die Wiese und sie ging weiter,
Fühlte sich im Sonnenlicht froh und heiter.

Als sie weiter ging, sah sie eine Bäckerei,
Verspürte Hunger, doch sie war zu scheu.
Sie schaute sich um und hörte Brote rufen:
Hol uns raus, man braucht Platz für Kuchen.

Ohne auch zu zögen, holte sie die Brote raus,
Aus dem sehr heißen Backstuben-Ofenhaus.
Sie ging weiter, sah einen Apfelbaum stehn,
Auf dem Äpfel wuchsen, herrlich anzusehn.

Die Äpfel riefen: Wir sind reif, schüttle uns runter,
So wird der Baum leichter und die Blätter munter.
Sie schüttelte, alle Äpfel fielen vom Baum herab,
Sie häufte sie auf und war danach schlapp.

Als sie weitergegangen war, sah sie ein Haus stehen,
Eine alte Frau fragte sie: Wohin willst du gehen?
Wer einen so freundlich in sein Haus lud ein,
Das konnte nur die gute Frau Holle sein.

Das Mädchen sollte Frau Holle zur Hand gehen:
Bist du fleißig, werde ich dich mit Lohn versehen!
Die Arbeit ist leicht und wird dir Spaß machen,
Wirst beim Ausüben über sie fröhlich lachen.

Jeden Morgen musst du mein Federbett schütteln,
So stark, dass Schneeflocken fallen auf die Hütten.
Für deine gute Arbeit wirst du von mir belohnt
Und von der Armut für alle Zeit verschont.

Sie machte die Arbeit mit Freude und Bravour,
Von Erschöpfung gab es nicht die kleinste Spur.
Es ginge ihr gut, wenn das Heimweh nicht wäre!
Sie fragte: Erlaubst du, dass ich nach Hause kehre?

Da führte Frau Holle sie durch einen Torbogen,
Das Gold blieb kleben, das kam heruntergeflogen.
Das ist die Belohnung für all deinen Fleiß,
Da du alles verrichtet' mit Sorgfalt, ohne Schweiß.

Frau Holle gab ihr die Spule aus dem Brunnen:
Wirst nie wieder die Wespen hören summen!
Das Mädchen dankte, ging zum Haus der Stiefmutter,
Die herauskam, in der Hand hielt Brot und Butter.

Am Brunnen saß der Hahn, rief: Kikeriki!
Unsere fleißige Jungfrau ist wieder hie!
Als die Stiefmutter den Goldregen an ihr sah,
Wurde sie blass vor Neid, fragte, wie das geschah.

Zur eigenen Tochter sagte sie: Mach es ebenso!
So wirst du reich und auch für immer froh.
Am Spinnen verging der Tochter schnell die Lust,
So warf sie die Spule in den Brunnen mit Frust.

Danach verschmierte sie ihre Finger mit Blut,
Sagte: Durch das Spinnen verlässt mich der Mut.
Sie wollte schnellstmöglich zu Frau Holle gelangen,
Ignorierte der Brote und der Äpfel Verlangen.

Erschöpft erreichte sie das Haus von Frau Holle,
Die fragte, ob auch sie ihr im Haus helfen wolle.
Doch dem faulen Mädchen war die Arbeit ein Graus,
Schon bald schickt' Frau Holle sie wieder nach Haus.

Zielstrebig ging sie auf das geöffnete Tor zu,
Doch statt mit Gold war sie mit Pech bedeckt im Nu.
Das schwarze Pech klebte an ihr ein Leben lang,
So wurde sie unglücklich und es wurde ihr bang,

Sie sah schon das Zuhause und den Brunnen,
Sie schämte sich, hörte die Wespen summen.
Am Brunnen saß der Hahn und rief: Kikeriki!
Unsere schmutzige Jungfrau ist wieder hie!

Die hässliche, faule Tochter, von Neid besessen,
Konnte der Schwester Schönheit nicht vergessen.
So verkroch sie sich in ihr Kämmerlein,
Um dort unglücklich und frustriert zu sein.

Das Glück der Stiefschwester konnte sie nicht fassen,
Ebenso den Neid und die Sticheleien nicht lassen.
So klebte das schwarze Pech weiterhin an ihr,
Sie fragte: Warum passierte das Unglück nur mir?

Das Sprichwort besagt:

Die Antwort sollte sie sich selber geben,
So wüsste sie, wie man sollte leben.

Sei immer zu allen lieb und ehrlich,
So verläuft dein Leben herrlich.

Meide Neid und Bösartigkeit,
So erfährst du selbst kein Leid.

Tu einem anderen nicht das,
Was du selber nicht magst.

Mit Fleiß und Strebsamkeit
kommt man im Leben sehr weit.

Hans im Glück

Hans wollte seiner Mutter behilflich sein,
Suchte eine Arbeit und fühlte sich fein.
In diesem Beruf arbeitete er sieben Jahre lang,
Bekam Heimweh und es wurde ihm bang.

Für die ehrliche Arbeit bekam er seinen Lohn
In Form eines Goldklumpens und ohne Hohn.
Mit dem Goldklumpen trat er den Heimweg an,
Doch auf dem weiten Weg kam er nur langsam voran.

Erschöpft, hungrig und müde ging er weiter
Und sah in der Ferne einen schnellen Reiter.
Dieser fragte ihn: Was trägst du denn so schwer?
Gib mir den Klumpen, von dem Pferd hast du mehr!

Nach dem Tausch fühlte Hans sich sehr gut,
Setzte sich aufs Pferd, verlor nicht den Mut.
Im Galopp flog Hans zu Boden mit lautem Knall,
So wurde das Reiten ihm schnell zur Qual.

Durstig, hungrig und müde wollte er weitergehen,
Als er einen Mann mit Kuh sah, blieb er stehen.
Was soll ich mit dem Pferd, das mich runterschmeißt,
Mich liegen lässt und auch noch in die Wade beißt?

So sagte Hans: Ich tausche Pferd gegen Kuh,
Die gibt mir Milch, Käse und lässt mich in Ruh.
Gesagt, getan, der Tausch fand statt,
Hans ging ins Wirtshaus und aß sich satt.

Als ihn der Durst quälte, melkte er die Kuh,
Doch statt Milch zu geben, sagte sie nur Muh.
So war sie schnell getauscht gegen ein Schwein,
Doch auch mit dem konnte Hans nicht froh sein.

Er vertraute das Schwein einem Gänsebauern an,
Der ihm mit einer Mastgans hat Gutes getan.
Hans machte sich auf den Weg, war voller Eifer,
Traf im nächsten Dorf auf einen Scherenschleifer.

Der Mann verdiente gut an seinem Schleifstein,
Hans tauschte dafür sofort seine Gans ein.
Hans, von schrecklichem Durst geplagt,
Hatte überall nach einer Quelle gefragt.

Als er sie gefunden hatte und aus ihr trank,
Fiel der Stein in den Brunnen und versank.
Hans im Glück machte sich keine Sorgen,
Ohne den schweren Stein fühlte er sich geborgen.

Als er den großen Durst gestillt hatte,
Schaute er auf seine zerknitterte Jacke.
Da er den Stein nicht tragen musste,
Fehlte ihm nicht mehr länger die Puste.

Hans spazierte fortan froh und heiter,
Tiere und Steine belasteten ihn nicht weiter.
Und so wurde aus Hans im Glück
Ein naiver, ehrlicher Hans im Blick.

In diesem Märchen ist ganz klar zu ersehen:
Vermögen sollte nicht an erster Stelle stehen.
Ein Leben in einem goldenen Käfig
Ist unerträglich und grauenhaft auf ewig.

Wie das Märchen vom Hans uns lehren kann,
Kommt man durch Arbeit ans Vermögen ran.
Doch nicht alle schätzen dieses Vermögen,
Da sie es nicht empfinden als großen Segen.

Der Arme und der Reiche

Der liebe Gott suchte für die Nacht eine Bleibe,
Er wollte dort klopfen, wohin es ihn treibe.
Beim Vorbeigehen sah er ein reiches Haus,
Aus dem man roch einen leckeren Schmaus.

Er klopfte an das schöne und reiche Haus,
Aus dem ein gut gekleideter Mann kam heraus.
Da Gottes Kleider arme Herkunft verrieten,
Sagte der Mann: Ich kann dir nichts anbieten.

Der liebe Gott ging weiter, sah eine arme Hüte,
Doch dort wohnten Leute von Herzensgüte.
Als er den Mann um ein Nachtlager bat,
Wies er ihn nicht ab, sondern wusste gleich Rat:

Sie sind willkommen, bei uns zu verweilen,
Das Essen, das wir haben, werden wir teilen.
Für die Nacht treten wir unser Bett an Sie ab,
Vom Wandern sind Sie mit Sicherheit schlapp.

Am nächsten Morgen trat Gott die Weiterreise an
Und gewährte drei Wünsche der Frau und dem Mann.
Sie aber wollten nichts außer einem gesunden Leben,
In Zweisamkeit mussten sie nach sonst nichts streben.

So schlug Gott ihnen eine neue Behausung vor,
Was die beiden glücklich bejahten im Chor.
Als der reiche Nachbar das prächtige Haus sah,
Wurde er plötzlich seiner Dummheit gewahr.

Seine Frau sagte: Nimm das Pferd und reit hinterher,
Hole ihn ein und äußere dein Bedauern schwer.
Auch dir muss er drei Wünsche gewähren,
Sonst kann ich mir die Ungerechtigkeit nicht erklären.

Der Mann holte den lieben Gott auf seinem Weg ein,
Sagte, das müsste ein Missverständnis sein.
Beim nächsten Mal würde er ihn gern umsorgen,
Er wollte nur auch drei Wünsche an diesem Morgen.

Der liebe Gott sagte ihm die Wünsche gern zu,
Jedoch empfand er diesbezüglich große Unruh'.
Die Reichen, die schon alles Nötige haben,
Wünschen oft unnütze, schlechte Zugaben.

Der Reiche konnte sein Glück nicht fassen,
Doch dann wollte das Pferd die Faxen nicht lassen.
Da rief er erbost: Ich wünschte, du wärst tot!
So geschah es, und der Reiche war schwer in Not.

Mit dem Sattel bepackt lief er weiter zu Fuß,
Der lange Weg war daher wirklich kein Genuss.
Er beneidete seine Frau im gemütlichen Zimmer,
Da wünschte er, sie säße auf dem Sattel für immer.

So kam er mit einem letzten Wunsch zu Hause an,
All seine teuren Möglichkeiten hatte er vertan.
Zuletzt musste er die Frau von dem Sattel befreien
Auf diese Weise dem letzten Wunsch Kraft verleihen.

Wer als Reicher für Bescheidenheit kein Gespür hat,
Verlangt immer mehr und wird niemals satt.
Reichtum sollte man immer mit Armen teilen,
So gäbe es keinen Neid, die Wunden würden heilen.

Reichtum kann den Charakter verformen,
So verliert man den Blick für christliche Normen.
Reich zu sein durch ehrliche Arbeit wird akzeptiert,
Von gerechten Menschen wohlwollend kommentiert.

Brüderchen und Schwesterchen

Die Geschwister hatten ein schweres Leben,
Das ihnen von der Stiefmutter so war gegeben.
Sie ließ die beiden die Qual nicht vergessen
Und gab ihnen immer sehr wenig zum Essen.

Die Geschwister verließen heimlich das Haus,
Kamen so aus dem größten Elend heraus.
Sie verirrten sich und landeten im Wald,
Doch der Bruder sagte: Der Tag kommt bald.

Hunger und Durst machten sich bemerkbar,
Und die missliche Lage wurde ihnen klar,
Der Bruder hörte ein Rauschen in der Ferne:
Es ist ein Brünnlein, das hätte ich jetzt gerne!

Die Stiefmutter, die eine böse Hexe war,
Verzauberte die Quellen, machte sie zur Gefahr.
Als Brüderchen daraus trinken wollte,
Sprach eine Stimme, was aus ihm werden sollte.

Wer aus mir trinkt, wird ein Tiger mit Krallen,
Der hungrig ist und sich nichts lässt gefallen!
Da rief das Schwesterchen: Wehe dir,
Trink nicht, sonst wirst du ein wildes Tier!

An der dritten Quelle war zu groß die Not:
Schwesterchen, ohne Wasser bin ich tot!
Der Bruder trank es und er wurde ein Reh,
Das anzusehen, tat der Schwester weh.

Der nächste Tag war rau und bitterkalt,
So suchte sie Schlafgelegenheit im Wald.
Sie legte den Kopf aufs Rehbäuchlein
Und so schliefen beide sicher und fein,

Viele Jahre lebte sie mit dem Reh im Wald,
In der Hoffnung, die Befreiung komme bald.
Sie entwickelte sich zu einer schönen Frau,
Ihr Antlitz glitzerte wie der Morgentau.

An einem Morgen ritt ein König in den Wald,
Mit seinen Hunden jagte er das Brüderchen bald.
Als er ihm abgeschnitten hatte den Pfade,
Kam Schwesterchen angelaufen, bat um Gnade.

Als der König die schöne Frau hatte gesehen,
War es sofort um sein Herz geschehen.
Er bat sie, mit ihm aufs Schloss zu reiten,
Das Rehbrüderchen dürfte sie gern begleiten.

Angekommen, wurde das Reh sorgsam gehegt,
Das hungrige Schwesterchen reichlich verpflegt.
Der König machte ihm einen Heiratsantrag,
Alles freute sich auf den großen Hochzeitstag.

Die Königin bekam einen gesunden Sohn,
Der in der Zukunft soll übernehmen den Thron.
Die Königsfamilie war von Glück umgeben,
Hatte ein wunderschönes, friedvolles Leben.

Als die Stiefmutter vom jungen Glück erfuhr,
Wurde sie neidisch, wütend und stur.
Sie durchdachte ihre Rache sehr genau
Und verkleidete sich als Kammerfrau.

Als der König am Morgen geritten war zur Jagd,
Setzte die Stiefmutter ihren Plan um in die Tat.
Verkleidet als Kammerfrau kam sie ans Bett,
War gegenüber der Königin unaufrichtig nett.

Sie sagte zu ihr: Das Wasserbad steht bereit,
Für eine Entspannung ist es höchste Zeit!
Als die Königin entspannt in der Wanne lag,
Schlug sie die Türe zu mit lautem Schlag.

Durch den starken, unerträglichen Öl-Duft
Bekam die Königin zum Atmen keine Luft.
Die Hitze und die Gifte wurden ihr zum Verderben,
Sodass sie den Erstickungstod musste sterben.

Die Stiefmutter brachte die eigene Tochter heran:
Leg dich ins Königsbett, du bist jetzt dran!
Glücklich und zufrieden ging sie nach Hause,
Angekommen, trank sie Wein und eine Brause.

Der König kam von der Jagd zurück,
Mit gutem Gefühl und großem Glück.
Er bemerkte nicht die falsche Frau im Bett,
Da sie ihr Gesicht mit dem Schleier bedeckt'.

Nachts kam die Königin als Geist zum Kind,
Drückte es an ihre Brust geschwind.
Danach legte sie es ins Bettchen zurück:
Ich komme wieder, behalte dich im Blick.

In der nächsten Nacht kam sie wieder
Und sang dem Kindchen schöne Lieder.
Fragte: Was macht mein Kind, mein Reh?
Es schmerzt mein Herze, wenn ich geh.

Diese Worte hörte die Kinderpflegerin
Und entdeckte so die falsche Königin.
Sie lief zum König und sagte zu ihm:
Im Bette liegt bloß eine Betrügerin!

Der König verjagte die falsche Frau,
Sagte zu ihr: Ich sehe den Betrug genau!
Du bist nicht meines Kindes Mutter,
Aus dir soll werden Schweinefutter!

Der König nahm die echte Frau in den Arm,
Beiden wurde es um ihre Herzen warm.
Sowie der König hatte den Schwindel entdeckt,
War die Königin wieder zum Leben erweckt.

Die Stiefmutter wurde am Pfahle verbrannt,
Die Verwandlung des Bruders daher gebannt.
Das Reh bekam die Menschengestalt wieder,
Im ganzen Schloss sang man frohe Lieder.

Der goldene Schlüssel

In einer armen Familie lebte ein Junge,
Mager und mit einer kranken Lunge.
Er war zu allen immer gut und hilfsbereit,
Die Armut der anderen tat ihm sehr leid.

Der kalte Winter stand vor den Türen,
An der Kälte konnte man ihn spüren.
Er nahm den Schlitten, fuhr in den Wald,
Zu den Eltern sagte er: Ich komme bald.

Sammelte Holz, legte es auf den Schlitten
Und wollte zurück in die Armenhütten,
Da er vor Kälte die Hände nicht spürte
Und die eisige Luft seinen Hals zuschnürte.

Das Holz auf seinem kleinen Schlitten
Nahm er mit in die armseligen Hütten.
Bevor er fuhr, scharrte er den Schnee weg
Und sah etwas Merkwürdiges im Dreck.

Beim Wegscharren musste er sich bücken
Und hörte es knacken hinter seinem Rücken.
Verängstigt wollte er schnell fortgehen,
Sah einen Goldschlüssel und blieb stehen.

Behutsam hob er den Goldschlüssel auf,
War durch den Fund besonders gut drauf.
Er grub weiter, ließ sich nicht unterkriegen,
Da sah er ein eisernes Kästchen liegen.

In diesem Kästchen befand sich Feuer,
Darum war es ihm nicht geheuer,
Als er im Kästchen einen Zettel fand,
Welcher den Flammen widerstand.

Auf dem Zettel stand groß geschrieben:
Feuer an- und auszumachen, muss man üben!
Freudig nahm er das Feuer mit nach Hause,
Angekommen, genehmigte er sich eine Pause.

Das eiserne Kästchen mit dem Feuer
War ihm auch nicht mehr ungeheuer.
Es bescherte ihm das wärmende Glück,
Das Kästchen gab er nie wieder zurück.

Er musste nicht mehr Holz beschaffen,
Und konnte wieder fröhlich lachen.
In den Wald ging er nur spazieren,
Um den Gesang der Vögel zu hören.

Der Winter machte ihm keine Sorgen mehr
Und das Leben war nicht mehr schwer.
Die Armut und die Kälte hatten ein Ende
Mit einer glücklichen und frohen Wende.

Das Sprichwort besagt:

Reichtum immer mit den Armen teilen,
Das würde Neid besiegen und Leid heilen.

Gerechtigkeit sollte im Vordergrund stehen,
So könnte es allen immer gutgehen.

Unterschiede zwischen Reich und Arm,
Machen Gewissen kalt und nicht warm.

Reichtum hat für Armut kein Gespür,
Wenn einer meint: Alles gehört nur mir.

Die sieben Raben

In einer Familie lebten sieben Brüder,
Sie sangen immer wieder schöne Lieder.
Eines Tages wurde die Schwester geboren,
So die Brüder die Orientierung verloren.

Zur Taufe sollten sie Wasser beschaffen,
Stattdessen machten sie andere Sachen.
Der Vater, verärgert und in großer Bange,
Fragte: Wo sind denn die Jungen so lange?

Aus Verzweiflung hatte er sie gesucht,
Nach vergeblicher Suche sie verflucht.
Der Fluch verwandelte sie in sieben Raben,
So mussten sie den Vaterfluch ertragen.

Als Raben flogen sie stets hin und her
Und das Leben wurde für sie schwer.
Sie flogen immer über das Elternhaus,
Bis die Schwester aus diesem kam raus.

Täglich ging sie in den Wald spazieren,
Um das Krächzen der Raben zu hören.
Sie flogen im Kreise stets hin und her,
Und das Leben wurde für sie schwer.

Der Fluch des Vaters war so stark,
Dass sie die Tränen vor ihm verbarg.
Sie versuchte, die Brüder zu suchen,
Die der eigene Vater ließ verfluchen.

Sieben sehr lange Jahr' sind vergangen,
Für die Schwester ein langes Bangen.
Als sie wieder spazieren gegangen war,
Näherte sich eine gute Fee ihr ganz nah.

Die Fee sprach sie an und sagte zu ihr:
Suchst du deine sieben Rabenbrüder hier?
Ich werde dir einen guten Rat geben,
Der deine Stimmung wird erheben.

Du musst sieben Hemden selber nähen,
Danach vor dem Hause mit diesen stehen.
Wenn die Raben über das Haus fliegen,
Musst du ihnen schnell die Hemden geben.

Sie bekommen die Menschengestalt wieder
Und werden wieder singen schöne Lieder.
Das Märchen hatte ein schönes, gutes Ende,
Für alle mit einer sehr erfreulichen Wende.

Rotkäppchen und der Wolf

Rotkäppchen wuchs als Einzelkind auf,
Trotz allem war sie immer gut drauf.
Sie spielte oft auf der grünen Wiese
Mit der schönen Puppe namens Lise.

Oft ging sie in den Wald spazieren.
Um den weiten Weg nicht zu verlieren,
Markierte sie ihn mit bunten Steinen,
Puppe Lise, du darfst nicht weinen.

Rotkäppchen hatte eine liebe Oma,
Sie wohne sehr weit und hieß Paloma.
Daher wurden Besuche eine Seltenheit,
Was dem Rotkäppchen sehr tat leid.

In Gedanken war sie stets bei ihr,
Im täglichen Leben leider nur hier.
So sprach sie oft mit ihrer Puppe Lise
Über Oma beim Spaziergang zur Wiese.

Oma wohnte in einem anderen Ort
Und der lange, gefährliche Weg nach dort
Verhinderte die sehnsüchtigen Besuche,
Das Plaudern unter der alten Buche.

Sie freute sich auf den Geburtstag,
Den sie immer ganz besonders mag.
Da es in ein paar Tagen so weit war,
War das Wiedersehen für sie glasklar.

Mami, morgen wird Oma 80 Jahre alt!
Ich pflücke ein Strauß Blumen im Wald,
Mit dem Geschenk werde ich zu ihr gehen,
Vorsichtig sein, bleibe nirgendwo stehen.

Mama, in großer Sorge und Bange, sagte: Nein,
Ich kann dich nicht gehen lassen ganz allein!
Der weite Waldweg ist eine zu große Gefahr,
Begegnung mit dem Wolf könnte werden wahr.

Das Rotkäppchen ließ mit der Bitte nicht nach,
Und hielt Mami mit dieser weiterhin wach.
Als die Mama ihr doch erlaubte, zu gehen,
Sagte sie: Ich bleibe auch nirgendwo stehen.

Rotkäppchen machte sich auf den Weg,
Den ihr der böse Wolf versperrte schräg.
Er fragte sie: Was tust du im Walde allein?
Ich gehe zu meiner Oma, fühle mich fein.

Schnell lief der Wolf zu Omas Haus,
Freute sich auf leckeren Oma-Schmaus.
Da sie ihm die Tür nicht geöffnet hatte,
Legte er sich hinters Haus auf eine Matte.

Er hatte auf das Rotkäppchen gelauert,
Die Ankunft hatte sehr lange gedauert.
Eine Fee hatte Rotkäppchen gewarnt
Vor dem Wolf, der sich geschickt tarnt.

Rotkäppchen stand vor Omas Tür,
Klopfte und rief: Oma, ich bin hier!
Öffne mir die verschlossene Tür,
Da ich immer noch stehe hinter ihr.

Der Schlüssel liegt unter der Fußmatte,
Er ist verpackt in einer weißen Watte.
Hebe ihn auf und öffne selbst die Tür
Und komm bitte ganz schnell zu mir.

So schloss Rotkäppchen die Türe auf,
Lief zur Omas Bett und war gut drauf.
Sie umarmten sich, hielten einander fest,
Und hätten es gerne für den Lebensrest.

Als sie wieder einander losließen,
Gratulierte sie mit vielen lieben Küssen.
Sie erzählten bis in die tiefe Nacht hinein,
Tranken dabei auch ein Gläschen Wein.

An dem frühen nächsten Morgen,
Fühlte sich Rotkäppchen gut geborgen.
Doch Mama machte sich große Sorgen,
An dem schönen und sonnigen Morgen.

Die Sorgen gaben ihr Gewissensbisse,
Aus Angst ihr mütterliches Herz nahm Risse.
Als endlich kam die Wiedersehenszeit,
Wurde Mama von quälender Angst befreit.

Rotkäppchen erzählte Mama, was sie erlebte,
Wo sie den Wolf traf und in Gefahr schwebte,
Dass eine gute Fee sie vor ihm gewarnt hatte,
Dass er auf sie lauerte auf einer weichen Matte.

Zugabe:
Prinz Arthur, der Gerechte

Ein böser König in einem großen Ort
War grausam für die Bewohner dort.
Es waren arme, aber fleißige Bauern,
Die er mit seinen Soldaten ließ belauern.

Von den Soldaten wurden sie bewacht,
Ausgenutzt und auch schlimm bestraft.
Von dem schwer erarbeiteten Einkommen
Wurde ihnen der größere Teil genommen.

Mit seinen Soldaten, die nur Ängste weckten,
Hielt der König die Bewohner in Schrecken.
Stets quälten sie die Bauern und deren Kinder,
Keiner konnte die schlimme Lage verhindern.

Als Prinz Arthur von dem bösen König erfuhr,
Sagte er: Von Gerechtigkeit gibt es keine Spur.
Da die Gerechtigkeit für ihn sehr wichtig war,
Wurde ein Krieg gegen den König für ihn klar.

Arthur mit seinen Soldaten verteidigte die Bauern,
Er zog zum Schloss, das umgeben war von Mauern,
Warnte den König vor den schlimmen Quälereien:
Von ihrem Übel werde ich die Bauern befreien.

Er stellte sich dem König vor als Prinz Arthur:
Ich besitze eine Armee, die stark ist von Natur.
Er verhalf den Bauern zu Unabhängigkeit,
Nachdem er sie aus den Fängen des Königs befreit.

Prinz Arthur versuchte, die Bauern aufzumuntern,
Die Angst ihnen zu nehmen, ihr Leben zu verbessern.
So suchte er Gelegenheit, um mit ihnen zu sprechen,
Über Gerechtigkeit, die nie mehr sollte brechen.

Den Prinzen interessierten die Häuser der Bauern,
Er ging in den Stall, sah ein Mädchen in der Ecke kauern.
Er bot ihr seine Hand und half ihr, den Stall zu verlassen,
Sah ihr schönes Gesicht, versuchte, mit ihr zu spaßen.

Als sie ihn mit den wunderschönen Augen ansah,
Verliebte er sich in ihre Schönheit und kam ihr nah:
Hab keine Angst, ich möchte nur deinen Namen hören,
In deine Augen schauen und stets deine Nähe spüren.

Sie sagte: Ich heiße Antonia und wohne hier,
Täglich die Angst vor dem bösen König ich spür.
So auch versteckte ich mich in der Stallecke,
Dass ich die bösen Blicke des Königs nicht wecke.

Der Prinz nahm Antonia in seinen Arm
Und beiden wurde um ihre Herzen warm.
Er nahm sie mit in sein schönes Schloss,
Wo das Tor bei Ankunft in die Höhe schoss.

Das Glück der beiden dauerte nicht lange,
Antonia hatte Angst und so wurde ihr bange.
Der böse König mit seinen vielen Soldaten
Überfiel das Schloss des Prinzen mit Granaten.

Arthur wollte das grausame Töten verhindern,
Den Soldaten beiderseits die Schmerzen lindern.
So schlich er sich unbemerkt an den König heran
Und tötete ihn von hinten ganz spontan.

Dank dieser Tat gab es kein Blutvergießen,
Soldaten beider Seiten konnten es begrüßen.
Prinz Arthur kämpfte um die Gerechtigkeit,
Verhinderte das Blutvergießen und das Leid.

Heldentaten dieser Art braucht die Welt,
Die wichtiger sind als das viele große Geld.
Held zu sein, ist was Großes und ist fein,
Verdient Anerkennung von Groß und Klein.

Als ein großer Held wird man geboren,
Heldentaten gehen so nicht verloren,
Sie werden respektiert und anerkannt,
Aus dem Gedächtnis nie mehr verbannt.

Vor Menschen mit großen Taten und Mut
Sollte man immer auch ziehen seinen Hut.
Danach sie auch achten und respektieren
Und den Glauben an sie nie mehr verlieren.

Unsere Welt braucht Helden dieser Art,
Ungerechtigkeit und Leid blieben so erspart.
Immer miteinander gerechter umzugehen:
So wird man gleichberechtigt dastehen.

Gerechtigkeit und Ehrlichkeit sind ein Gut,
Verleihen der Menschheit Freude und Mut.
Würden sie immer im Vordergrund stehen,
Würde es der ganzen Menschheit besser gehen.

Nachwort

Märchen haben eine Bedeutung und einen Sinn,
Mit einem guten oder auch schlechten Beginn.
Sie behandeln unterschiedliche Lebensbereiche,
Von denen man lerne und nicht weiche.
Sie lehren, Böses von Gutem zu unterscheiden,
Um das Ungute und Böse stets zu vermeiden.

Märchen entstehen aus dem täglichen Leben,
Um sie zu überdenken und auch weiterzugeben.
Über ihre Inhalte sollte man diskutieren,
Um den richtigen, logischen Wert zu spüren,
Märchen betrachten als lehrreiche Lektüren,
Die dem logischen Denken öffnen viele Türen.

Daher sind Märchen nicht nur geeignet für Kinder,
Sondern für Erwachsene, für Gute und für Sünder.
Sie zeigen uns den schlechten und den guten Weg,
Den man nicht gehen sollte irrtümlich und schräg,
Märchen nicht nur als schöne Erzählungen sehen,
Sondern als lehrreiche Lektüre zu ihnen stehen.